U1013135

传统杨式太极拳
老六路精编十八式教程

◎刘道宁 著

人民体育出版社

图书在版编目（CIP）数据

传统杨式太极拳老六路精编十八式教程 / 刘道宁著. -- 北京：人民体育出版社, 2021（2023.12重印）
ISBN 978-7-5009-6031-7

Ⅰ. ①传… Ⅱ. ①刘… Ⅲ. ①太极拳－套路(武术)－教材 Ⅳ. ①G852.111.9

中国版本图书馆CIP数据核字(2021)第067912号

*
人民体育出版社出版发行
北京中科印刷有限公司印刷
新 华 书 店 经 销
*
850×1168　32开本　3印张　63千字
2021年12月第1版　2023年12月第2次印刷
印数：4,001-6,000册
*
ISBN 978-7-5009-6031-7
定价：25.00元

社址：北京市东城区体育馆路8号（天坛公园东门）
电话：67151482（发行部）　邮编：100061
传真：67151483　邮购：67118491
网址：www.psphpress.com
（购买本社图书，如遇有缺损页可与邮购部联系）

内容提要

《传统杨式太极拳老六路精编十八式教程》是在传统杨式太极拳老六路的基础上简编的，意在推广传承杨式汪脉朱传（杨家前辈传汪永泉先生，再传朱怀远、朱春煊先生）老六路内功拳架。

精编十八式区别于竞赛套路，提倡以中、高架的方式行拳，避免膝关节损伤。中高架行拳更容易体会传统杨式太极拳迈步轻灵、进退自如的身法特点。此套路以静心慢练为主，回归传统的用意不用力、以意带动全身的行拳方式，为进一步体会传统太极拳一动无有不动、内外相合、周身一家的传统功法打下基础。

序

太极拳是中国武术主要拳种之一。众所周知，练习太极拳可以强健体魄、防身自卫、陶冶情操。太极拳的独特魅力已经吸引全世界超过1亿人习练，受众还在不断增加，说太极拳已经成为跨越中外的高雅健身文化一点都不为过。2020年12月17日中国太极拳被列入《人类非物质文化遗产代表作名录》。申遗成功扩大了太极拳运动的影响力，对其进行大力推广必将让越来越多的人享受身心健康和太极拳文化的快乐。

传统太极拳内涵丰富、充满哲理，凝聚了中华民族的智慧。本书作者刘道宁坚持练习太极拳，而且专修传统杨式太极拳。他在恩师崔仲三和朱春煊的引领和教诲下，渐增对传统太极拳的内涵认知和劲力领悟，希望把多年习练心得通过介绍老六路拳架的方式，传递给更多的太极拳爱好者。这是一个非常有意义的尝试。

十八式教程内容简练。采用中高身架教学，有利于保护习练者身体健康，同时注意引导习练者体验传统杨式太极拳身心舒展、动作连绵等特点，非常适合初学者和中老年人，对于有意循序渐进地探究传统太极拳内涵的人士也是一本值得关注的书。

张山

2021年9月

（注：张山，国家体育总局武术研究院专家委员会主任，中国武术九段）

自 序

我多年习练传统杨式太极拳，曾蝉联九届全国传统武术比赛传统杨式太极拳冠军，做过《习练24式太极拳》《传统杨式太极拳26式精解》教学视频的示范。然而，探究传统太极拳的内里，还是近十年跟随朱春煊先生学习，特别是在老六路盘拳和懂劲的习练中，体会和感悟渐增，也逐步加深了对老六路拳理的理解，也更加感受到前人为传统太极拳传承所付出的艰辛与努力。在前辈的感召和鼓励下，我决定把自己的体悟和心得以文字解析的方式，对杨式老六路进行仔细解读，从而为初学者提供一个了解传统太极拳的途径。可以说此番努力是积极响应国家全民健身和弘扬中华优秀传统文化的号召，让更多的太极拳爱好者受益，为传统太极拳的推广和发展做件实事。

基于自己对传承传统杨式太极拳习练与教学的经验，

我从传统杨式老六路的套路中精选了有代表性的十八式，进行组合编排，形成了《传统杨式太极拳老六路精编十八式教程》。它区别于竞赛套路，以中、高架的姿势习练，习练者双腿微屈，自然站立，从而避免因过度屈蹲而导致的膝关节损伤。采用中、高架的姿势，更容易体会到杨式老六路迈步轻灵、进退自如的步法和身法特点。此套路以静心慢练为主，回归传统的用意不用力、以意带动整体的行拳要求，为进一步体会一动无有不动、内外相合、周身一家的传统功法打下基础。

本书以节点配图、文字解析的方式呈现，读者可以链接套路视频观摩学习。在创作中，高度重视动作的传统规范性。

本书定位是传统杨式太极拳老六路的基础入门篇。希望对广大太极拳爱好者了解传统杨式太极拳有所帮助。今后我们将继续编辑进阶篇，逐步完成传统杨式太极拳老六路完整拳架教程和拳理解析。

在此，我衷心感谢朱春煊先生和崔仲三先生的教导和传授！感谢拳友李冬梅老师在书稿内容补正、文字校对及出版商洽等事宜上的倾心付出！感谢孙燕宾先生及夫人韩金梅女士、感谢李孝存先生为图片、视频制作给予的无私帮助！感谢提出宝贵意见并参与演练的中国老年人体育协会太极拳专项委员会副主任聂健全先生，感谢吉林省武术协会主席徐万东先生、青海省武术协会主席张文郡先生、云南省武术协会主席胡宝林先生的热情鼓励！向所有支持此书编辑出版的人士表示真诚的感谢和敬意！

对于此书存在的疏漏和不足之处，恳请读者批评斧正。

目　录

老六路
精编十八式基本规范

一、方位

1. 四正向

选定某方位站立后，确定前、后、左、右四正方向。

2. 四隅向

隅向也称斜向，即正向偏30° ~ 45° ，有左前、右前、左后、右后四个隅向。

二、手型

1. 拳

拳的做法：四指自然卷握，拇指扣压于食指和中指第二指节处。

拳的部位：拳心、 拳背、 拳眼、 拳轮、拳面、拳峰等。

2. 掌

掌的做法：五指自然分开，掌心微内含且舒指顺腕。
掌的部位：掌心、掌背、掌尖、掌根、掌外沿等。

3. 钩手

钩手的做法：五指指肚自然捏拢，顺腕，放松。
钩手的部位：钩心、钩尖、钩背、钩顶、钩腕等。

三、步型

步型包括：并立步、开立步、弓步、虚步、丁步等。

老六路精编十八式动作名称及动作图解

一、动作名称

预备势

第一式　太极起势

第二式　左弓步掤

第三式　斜向挤

第四式　弓步单鞭

第五式　白鹤亮翅

第六式　左搂膝拗步

第七式　手挥琵琶

第八式　左右倒撵猴

第九式　转体撇身捶

第十式　左右云手

第十一式　高探马

第十二式　白蛇吐信

第十三式　转身右蹬脚

第十四式　左野马分鬃

第十五式　如封似闭

第十六式　转身搬拦捶

第十七式　十字手

第十八式　太极收势

二、动作图解

预备势

双脚开立与肩同宽，下颌微收，腋窝虚开，微含胸拔背；双臂自然下垂于身体两侧，五指自然分开，掌指向下；目视前方。（图1）

图1

第一式　太极起势

1. 开步平举

双脚开立，以意引领双掌向体前浮起，两臂与肩同高，掌指向前。（图2）

图2

2. 屈臂采按

①稍静定，双掌微向后引带，掌心内含，掌指亮开。（图3）

图3

②精神提起，双掌向髋前外侧下落采按，掌指向前。（图4）

图4

第二式　左弓步掤

1. 开步前掤

舒指顺腕，双臂以意引领，向体前浮起，与腰等高。（图5）

图5

2. 侧身引带

右脚微外碾，重心移至右腿；同时，身形向右隅向转体；双掌向右后引带，左掌置于腹前，右掌置于右髋外侧，掌心向下，左脚跟抬起。（图6）

图6

3. 弓步前掤

左脚向前迈步，身体转向正前，重心前移成左弓步；同时，左掌向体前掤撑，舒指顺腕，右掌辅助左掌，掌心向下，双掌劲力相合，目视前方。（图7）

图7

第三式　斜向挤

1. 后坐捋带

左掌顺势向前顺腕展开，掌心倾斜向下，右掌微外撑；稍静定，双掌以意引领向右后方下落捋带。（图8）

图8

2. 转体搭手

左脚内扣，右脚提收，身体右转45° 成隅向开立步；同时，左掌搭于右腕上侧，双掌落于腹前，双膝微屈。（图9）

图9

3. 隅向平挤

以意引领双掌上提划弧，由胸前向体前平挤。（图10）

图10

第四式　弓步单鞭

1. 左顾右盼

接上式。意稍静定，双掌向体前自然分开，掌心向下，立身中正，以意引领双掌由左向右逆时针划弧回至原位。（图11）

图11

2. 转身磨掌

左脚以脚跟为轴向外碾脚90°；同时，右脚跟步成开立步；双掌随转体磨掌。（图12）

图12

3. 磨肘送钩

①稍静定，以肘带手，双掌随转腰向左前方大幅度划弧磨掌。（图13）

图13

②重心回坐，身体右转，以意引领右掌向右引带，左掌下抄捧至腹前，舒指顺腕，掌心倾斜向上。（图14）

图14

③身体继续向右后转体，右掌捏钩向右后送出，钩尖向下，左掌捧送，双手劲力相合；同时，左脚收提成丁步。（图15）

图15

4. 弓步展掌

身体向左前方转体；同时，左脚提收，再迈步，重心微前移成左弓步；左臂随身向左掤撑展开，立掌向前。（图16）

图16

5. 弓步亮掌

以意促形，左掌由立掌翻转向下采按，下落至左腿上方；稍静定，再以意浮起并向前亮掌。（图17、图18、图18附图）

图17

图18

图18附图

第五式　白鹤亮翅

1. 弓步下挤

①左脚微内扣，身体右转，重心移至左腿，右钩手变掌分开。（图19）

图19

②双掌下落采按并在腹前搭手；同时，右脚向右前方迈步。（图20）

图20

③重心前移成右弓步，双掌劲力相合，向右下方挤出。（图21）

图21

2. 虚步探掌

双掌自然分开并向腹前引带，右腿支撑，左脚缓慢抬起并向左前方迈步，脚掌落地，脚跟抬起成虚步，身体缓慢前倾；同时，左掌外撑至左膝外侧，掌心向下，右掌向前下方穿掌下探。（图22、图22附图）

图22

图22附图

3. 起身搭手

缓慢起身；同时，以意引领右掌外翻引带并收提至右侧腰间，掌心向上，左掌顺势搭于右腕上方。（图23）

图23

4. 虚步穿掌

左脚提收并向外侧垫步落地，脚跟抬起成虚步；左掌由腹前向左外侧撑掌采按，掌心向下，右掌向右上方穿掌，掌背向外。（图24）

图24

5. 虚步亮掌

意稍定，右臂顺时针向外旋转捌开，掌心向外亮开，双掌劲力相合。（图25、图25附图）

图25

图25附图

第六式　左搂膝拗步

1. 开步合抱

接上式。右手下落并外翻置于右髋外侧，掌指向下，左脚提收与右脚同向成斜向开立步；同时，左掌由左髋外侧自然屈臂到胸前，掌心向下，双掌成合抱之势。（图26）

图26

2. 斜向搂推

左掌微下落，同时右掌向右后自然撩掌。重心移至右腿，左脚提收并向左前方迈步成左弓步，左掌由胸前下落，经腹前随身体左转向左膝外侧上方搂掌，掌心向下，虎口撑圆，右掌顺势经耳侧向体前推掌，掌心向前。（图27、图28）

图27

图28

3. 转体亮掌

右掌顺势向下采带，静定后左脚微内扣，身体随之向前转正；右掌以意引领向体前浮起亮掌。（图29、图30、图30附图）

图29

图30

图30附图

第七式　手挥琵琶

1. 跟步踏掌

以意引领周身整体前移；同时，右脚随身向前跟步落地，脚跟抬起；右掌顺势向体前踏掌，左掌与右掌劲力相合。（图31）

图31

2. 坐步引带

重心缓慢移至右腿；同时，右掌由体前向右下方引带，左掌以意引领上浮，左脚跟抬起。（图32）

图32

3. 合抱穿掌

左脚向前垫步落地，脚尖抬起；同时，右掌舒指顺腕合于左掌再向体前穿掌挥出。（图33、图33附图）

图33

图33附图

第八式　左右倒撵猴

（一）左倒撵猴

1. 外撑撩掌

身心静定，以意引领右掌向右后方撩掌，左掌配合右掌微微向前撑开，左脚尖微抬起。（图34）

图34

2. 转体砍掌

左脚向左后方退步；同时，左掌随转体外翻并回带于腹前，掌心向上，右掌随转体由上向左掌外侧砍掌；同时，右脚微内扣，与左脚成开立步。（图35、图35附图）

图35

图35附图

3. 转腰反打

稍静定，以意引领，右掌向右翻掌击打，掌指顺腕向前，左掌随腰转动，护捧于腹前，掌心向上。（图36、图36附图）

图36

图36附图

（二）右倒撵猴

右倒撵猴与左倒撵猴动作相同，唯方向相反。（图37~图39）

图37

图38

图39

第九式　转体撇身捶

1. 转身引带

接上式。左脚内扣90°，身体松沉并向右转体，右掌向内翻转握拳，拳心向下，左掌护按右拳上方。（图40）

图40

2. 回身反打

身体回转；同时，右手由腹前向左前冲拳，左手顺腕外撑，掌心向外。（图41）

图41

3. 转体前掤

身体右转135°，重心后移至左腿，右脚提起向前垫步，左掌搭于右腕处，重心前移成右弓步，双臂撑圆向体前掤出。（图42、图43）

图42

图43

4. 撇身捶

①重心后坐，以意引领右臂向身体右下引带；右臂再次上提内翻，拳面向前，拳眼斜向下。（图44、图45）

图44

图45

②重心缓慢前移，成右弓步；同时，右拳由右肩外侧顺势向前冲拳，左掌护于右臂下方。（图46、图46附图）

图46

图46附图

第十式　左右云手

1. 开步掤挤

①左脚外碾45°，右脚内扣并蹬脚收提，双脚平行开立，右拳变掌下落于腹前与左掌交叉，左掌在内。（图47）

图47

②以意引领，双掌由腹前提起至胸前，然后再向体前掤出。（图48）

图48

2. 左探掌

右脚外碾，身体向右转体45°，轻提左脚并向后退步蹬地，脚跟抬起；身体缓慢前倾，右掌向右膝外侧外撑採掌，左掌向左下方探掌，双手劲力相合。（图49）

图49

3. 转正掤挤

左脚下落，起身转正，提收右脚向前，双脚开立；左掌向体前引带并翻掌划弧上提至胸前；右掌微外翻收回至腹前，双掌相合向前掤挤。（图50）

图50

4. 右探掌

左脚外碾，身体向左转体45°；右脚向后落步蹬地，脚跟抬起，左掌顺势向左膝外侧撑掌採按，右掌向右下方探掌，双掌劲力相合。（图51、图52）

图51

图52

5. 正向挪挤

稍静定，以意引领双掌回带，同时右脚落地转正，左脚顺势内扣平行开立；右掌由腹前上提至胸前，左掌微外翻收回至腹前，双掌劲力相合向体前挪挤；目视前方。（图53）

图53

第十一式　高探马

1. 转体采按

双脚不动，身体转至右前方，双掌向内翻转，微外撑采按，掌心向下，意达双掌，气沉丹田。（图54）

图54

2. 转体磨掌

双掌随转体向左前方磨掌；同时，右脚内扣45°。（图55）

图55

3. 后坐撩掌

重心回坐至右腿，身体松沉，右掌由腹前向右后方引带撩掌，左掌外撑。（图56）

图56

4. 虚步穿掌

身体缓慢向左转正，挪左脚向外落地成虚步，脚跟抬起；左手翻掌向回引带至腹前，掌心向上，右掌屈臂由耳侧向体前穿出，掌心向下。（图57、图58）

图57

图58

第十二式　白蛇吐信

1. 后坐带掌

以意引领，双掌向腹前引带，重心后移至右腿，左脚缓慢提起回收，左手掌心向上，右掌置右腰前侧，掌心向下。（图59）

图59

2. 弓步穿掌

左脚迈步踏平成左弓步；同时，双掌劲力相合随重心前移，向体前穿掌。（图60）

图60

第十三式　转身右蹬脚

1. 扣脚按掌

左脚内扣135°，身体向右后转体，重心移至双腿之间；同时，双掌落于腹前，左掌轻按至右腕上方，掌心向下。（图61）

图61

2. 开步撑掌

身体微右转，右脚自然提收并下落成开立步；同时，双掌随转体呈扇面打开。（图62）

图62

3. 交叉提掌

双掌下落採按，再由腹前交叉上提至胸前，左掌在上、右掌在下，舒指顺腕。（图63）

图63

4. 提膝蹬脚

右腿提膝，右脚勾脚向右前方蹬出，右掌与蹬脚方向一致，上下相随，左掌向左后方自然撑开。（图64、图64附图）

图64

图64附图

第十四式　左野马分鬃

1. 丁步採掌

右脚缓慢落步成开立步，重心缓慢移至右腿，左脚跟抬起成丁步；同时，双掌向右下落引带採掌，左掌置于腹前，掌指向下，右掌置于右腰上方，掌心向下，双掌相合。（图65）

图65

2. 弓步掤送

抬左脚向左前方迈步成弓步；同时，左掌翻掌掌心向上，右掌心向下，两掌劲力相合随转体向前掤送。（图66、图67）

图66

图67

3. 折採前掤

重心微后坐，左掌向下折採，掌型不变；右掌配合左掌，浮起掤送。（图68、图69）

图68

图69

第十五式　如封似闭

1. 跟步送掌

右脚微蹬地，重心整体前移；同时，右掌翻转掌心向上，双掌劲力相合向体前送出。（图70）

图70

2. 后坐带掌

重心缓慢后移至右腿，身体向右转正；同时，双掌下落引带落至双髋前外侧，掌心向上。（图71）

图71

3. 弓步按掌

左脚微抬向前垫步迈出，重心前移成左弓步；同时，双掌向内翻转向前按出。（图72、图73、图73附图）

图72

图73

图73附图

第十六式　转身搬拦捶

1. 转体带掌

左脚内扣135°，身体向右后方转体；同时，右掌回收引带至腹前，右掌掌指倾斜向下，左掌按于右腕上方。（图74、图74附图）

图74

图74附图

2. 回身穿掌

保持立身中正，身体微左转，左掌外撑，右掌顺腕向左穿出。（图75、图75附图）

图75

图75附图

3. 转身搬拳

身体向右转正，右脚向前迈出成弓步；右掌变立拳向体前外侧搬拳，左掌搭于右前臂内侧。（图76）

图76

4. 弓步拦掌

右脚微向外碾脚，右腿支撑重心，随后左脚向前迈步，脚跟落地，脚尖微抬起；同时，左掌向前外侧拦掌，右拳回收至腰间，拳心朝上。（图77）

图77

5. 弓步冲拳

重心前移成左弓步，右手立拳顺势向前冲出，左掌护于右臂内侧。（图78）

图78

第十七式　十字手

1. 转身分掌

左脚内扣，身体向右转正，右脚轻抬落正成开立步；右拳变掌，随转体两掌向两侧分开，舒指顺腕。（图79）

图79

2. 掤挤送掌

双掌下落采按于腹前交叉，左掌在内，右掌在外；随后两掌上提至胸前，双掌交叉相合向体前掤挤，左掌置于右腕内侧。（图80、图81）

图80

图81

第十八式　太极收势

1. 分掌採按

接上式。双掌翻转，掌心向下，双臂打开与肩平齐；稍静定，双掌向前下採按下落。（图82、图83）

图82

图83

2. 太极收势

双掌下落于身体两侧，舒指顺腕，心静体松；目视前方。（图84）

图84

扫码看全套视频

附录　精编十八式运行路线示意图

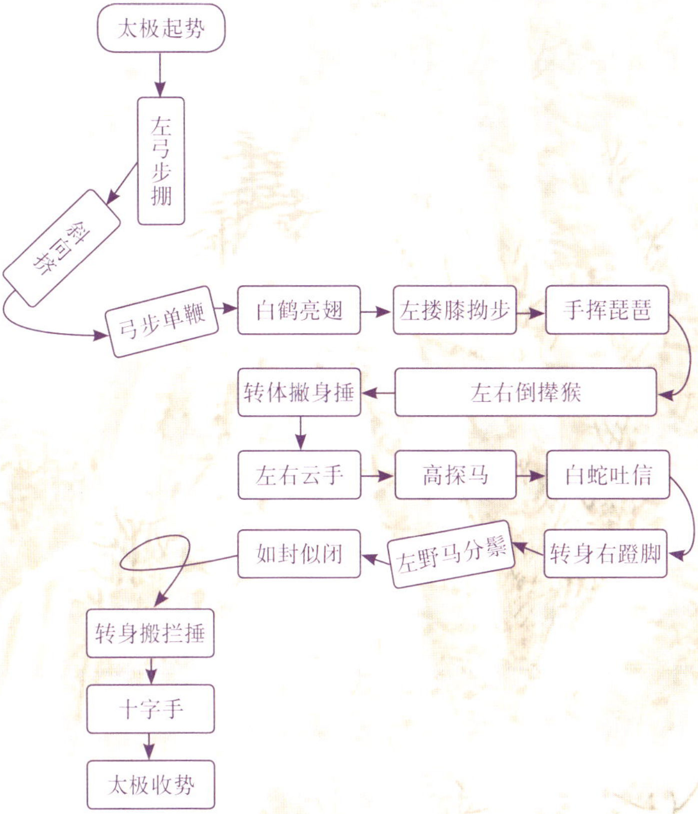